श्रेष्ठ भारतीय साहित्य

भारतीय ज्ञानपीठ

सेमरसोत में साँझ

(कविता-संग्रह)

सेमरसोत में साँझ

पीयूष कुमार

भारतीय ज्ञानपीठ

लोकोदय ग्रन्थमाला : ग्रन्थांक 1477

ISBN 978-93-90659-89-0

सेमरसोत में साँझ

(कविता-संग्रह)

पीयूष कुमार

प्रकाशक : **भारतीय ज्ञानपीठ**

18, इन्स्टीट्यूशनल एरिया, लोदी रोड, नयी दिल्ली-110 003

मुद्रक : भारतीय ज्ञानपीठ, नयी दिल्ली-110003

आवरण : महेश्वर

SEMARSOT ME SANJH
(Poetry Collection)
By Piyush Kumar

Published by
Bharatiya Jnanpith
18, Institutional Area, Lodi Road, New Delhi-110 003
Ph. : 011-24698417, 24626467; 23241619 (Daryaganj)
Mob. : 9350536020; e-mail : bjnanpith@gmail.com
sales@jnanpith.net; website : www.jnanpith.net

First Edition : 2021
Price : Rs. 200

अनुभूति और अनुमेहा के लिए

अनुक्रम

सेमरसोत में भोर

कार्तिक के महीने में
राजा पहाड़ पर उतरती है सुबह
पहाड़ के कहने के बाद ही
सेमरसोत की फुनगियों पर
तैरती हैं किरणें

खेतों की मेड़ों पर खिले
कॉसमॉस के नारंगी फूल
हँस कर बात कर रहे पक रही फसल से
पास ही खपरैल वाले मिट्टी के घर में
बागर साय का छोटा लड़का
आँगन की धूप में लिख रहा है वर्णमाला
जिसे सुबह देर तक निहार रही है लाड़ से

सड़क के साथ बहते बघझूलवा झरने का निर्मल जल
अगोर रहा है बिहारी ट्रक ड्राइवरों को
जो यहाँ आते जाते तन मन धोकर फरिया लेते हैं
स्लीपर कोच की अपर बर्थ में लेटा कवि
देख रहा है खिड़की से बाहर
कोहरे की धुंध में लिपटे साल के पेड़ भाग रहे हैं
जिनसे छन कर आते सूरज की उजास
उसने भर ली है अपनी आँखों में

बड़े मोड़ के पहले वाला घाट का मंदिर
शांत बैठा है तपस्वी की तरह
उसके रक्षा कवच पर विश्वास है पूरे जंगल को
इसके सामने से गुज़रते समय
हर ड्राइवर दो बार हॉर्न बजाता है
जिसकी आवाज से आँख खुलती है
उनींदे सेमरसोत की!

(सेमरसोत छत्तीसगढ़ का एक वन्यजीव अभ्यारण्य है।)

सेमरसोत में बारिश

हर साल
आषाढ़ की पहली नमी सोखकर
सेमरसोत का प्यासा जंगल
बिखेर देता है जमीन पर 'पुटू'
ताकि सोनापति उसे दोने में लेकर
पाढ़ी के पहले वाले मोड़ पर
चालीस रुपये में बेच सके

सवारी बस की रफ्तार
कम होती है पाढ़ी मोड़ पर
खिड़की से सिर निकालकर
जोर से पूछता है कंडक्टर
बीस में देगी?
महुए के नीचे भीगती बैठी सोनापति
इनकार में सर हिलाती है
किराए में पाँच रुपये भी
कम नहीं करनेवाला कंडक्टर बड़बड़ाता है
इन लोगों का भी भाव बढ़ गया है

बस में बैठा कवि सोचता है
जब विकसित सभ्यता की चमक में
संसाधनों और श्रम के लूट का
मिट्टी और पसीना शामिल है

ऐसे वक्त में सोनापति का
इनकार में सिर हिलाना
एक जरूरी घटना है

मंथर सेमरसोत से कवि पूछता है
यह इनकार जरूरी था ?
वह सहमति में सिर हिलाती
उछाह लेने लगती है
और भीगता हुआ जंगल मुस्कुराता है
आषाढ़ की इस बारिश में

सेमरसोत में साँझ

सामरी पाट के मैदानों से
दौड़कर आती है
और सेमरसोत में
झप्प से गिरती है साँझ

साल के जंगलों में पसरती
मोड़ की एक चट्टान में ठहरती है
और लेती है साँस
जिसे बस की खिड़की पर
बैठा कवि जी भरकर देखता है
और साँझ लाज से सिंदूरी हो जाती है

इधर तलछट में बह रही है सेमरसोत
जिसे अपने किनारे आग जलाए सेंदुर
अगोर रहा उसे सदियों से
और बता रहा है किस्से चिड़ियों को
कि जंगल जबसे बना है
हवा गाती है करमा
और नाचती है यहाँ की घाटी

ऊँचे नीचे खेतों से होकर
बूढा सरगुजिहा जाड़ा भी
कोहरा ओढ़े पहुँच रहा है

एकांत में चुप खड़े घर तक
जिसे देखकर
ललमुनिया के पुआल में
दुबक जाती है
सेमरसोत की साँझ

(सेंदुर एक नदी है जो सेमरसोत वन्य अभ्यारण्य में बहती है और करमा सरगुजा का लोकनृत्य है)

अपाला

अपाला!
सुना है तुम्हें चर्म रोग था
पर कृशाश्व ने विवाह किया था तुमसे
हुआ तो यह भी था कि
बाद में छोड़ दिया था तुम्हें
तुम बनना चाहती थीं सुलोमा
और बन भी गयी
तुम्हारी त्वचा को इंद्र ने ठीक कर दिया था
पिता अत्रि तब कितने प्रसन्न थे
सुखद था वैदिक युग

अपाला!
काल भिन्न पर देश वही है
आज भी छोड़ने की परंपरा जारी है
जहाँ छोड़ी हुई गुनाहगार है
जिसे टीआरपी की चोंच लिये गिद्ध
उसमें चर्मरोग खोजते हैं
और दिखाने के लिए
सैकड़ों मोतियाबिंद वाले कैमरे हैं
हजारों चीखते स्क्रीन हैं
जिन पर टकटकी लगाकर रस लेते
लाखों बर्बर मस्तिष्क हैं

अपाला!
यह संचार का युग है या मध्ययुग
समझ नहीं आता
हिंसक समाज के पैने नाखून
माइक की शक्ल में निकल आये हैं
यहाँ हर पिता रोता है
कोई इंद्र नहीं आ रहा उसे ठीक करने

अब विधि के निर्णय के पहले
स्त्री के देह मन और आत्मा की त्वचा
बार बार उतारी जाती है
खुरच खुरच कर
उनके द्वारा
जिनकी बुद्धि गुलाम और आत्मा मरी हुई है
और जो स्वयं निर्वस्त्र हैं!

गार्गी

गार्गी !
कभी जनक की सभा में
जब याज्ञवल्क्य से
प्रतिप्रश्न किया था तुमने
ऋषि क्रोधित हो उठे थे
पर शास्त्रार्थ समुचित सम्पन्न हो गया था

गार्गी !
आज आमसभा सभा में
प्रश्न करके देखो
कहो – आसमान से ऊँचा
और पृथ्वी के नीचे क्या है ?
तुम्हारे प्रश्न के उत्तर में
आसमान से ऊँची पताका लिए
और पृथ्वी के नीचे
पतन की अनन्त गहराइयों तक
कुत्सित अट्टहास के साथ
प्रतिप्रश्न लिए
एक विराट कुपुरुष
नग्न खड़ा है

अभी व्यस्त हैं जनक
उनकी ओर उम्मीद से मत देखो

इधर देखो
याज्ञवल्क्य लिख रहे हैं
वृहदाराजक उपनिषद
नवीन आर्यावर्त का!

लोपामुद्रा

लोपामुद्रा !
पंचदशी के मंत्र रचे थे
और यज्ञ किया था तुमने
समझाया था पारिवारिक जीवन का महत्व
बताया था जग को ललित सहस्त्रनाम

लोपा !
अब विश्वविद्यालय के पुस्तकालय में
जब तुम पढ़ती हो
नीति के साथ अधिकारों के मंत्र
और विचारों की समिधा एकत्र करती हो
तो जाग उठते हैं
उत्तर वैदिक काल में स्थापित
पुरुषसत्ता के रक्षक
छीन लेते हैं पुस्तक
उच्चारते हैं अपशब्द
करते हैं वमन
तुम्हारी स्वतंत्रता के हवन कुंड में

लोपा !
स्त्री प्रताड़नाओं के स्वर्ग
इस नव महादेश में
वैदिक युग के
किसी अगस्त्य की प्रतीक्षा
व्यर्थ है।

ढिंग एक्सप्रेस

धान के खेतों से उपजी
टखने भर मिट्टी पानी की ऊर्जा
उसकी रगों से होकर
ट्रेक पर सनसनाती भाग रही है
और उसके कदमों के नीचे की जमीन
सुनहरी होती जाती है

गूगल में खोजकर उसकी जाति
कुछ लोग निराश हो रहे हैं
उधर उत्तरकाशी में अभी तीन महीनों में
एक भी लड़की ने जन्म नहीं लिया है
इधर एक पूंजीवादी खेल हार कर सुस्ता रहा है
पी रहा है विज्ञापन वाला शीतल पेय
इसी समय सोनभद्र में जमीन से जुड़े दस लोग
मार दिए गए हैं जमीन की खातिर

उसके अंग्रेजी नहीं बोल पाने को
कमजोरी बतानेवाला प्रवक्ता चुप है आज
हैरान हैं अभिजात्य मीडिया के कैमरे
एक दुबली साँवली फर्राटा भरती देह
उन्हें खींच रही बार-बार
उसकी गति इतनी तेज है कि
उनके बने बनाये फ्रेम से बाहर हो जाती है

गोल्डन गर्ल दौड़ रही है पटरियों पर
और चन्द्रयान भेद रहा अनंत को
यह दो दृश्य एक साथ हैं
राष्ट्रगान बज रहा है
मैडल लटकाए बिटिया मुस्कुरा रही है
लड़कियाँ तैयार हो रही हैं भागने को
ढिंग एक्सप्रेस की तरह

(असम की फर्राटा धावक हिमा दास को ढिंग एक्सप्रेस कहा जाता है)

स्टीफन हॉकिंग के लिए

आधी सदी से ज्यादा समय तक
जड़ रही एक देह की चेतना ने
व्हील चेयर में बैठे - बैठे
उस ब्रह्मांड को नाप लिया था
जहाँ धरती सबसे सुंदर ग्रह है

टेढ़ी गर्दन में ही
गाल की एक मांशपेशी के सहारे
जब वह अपनी बात कहता है
तो उसकी आवाज
सौरमण्डल से पार सुनाई देती है
ठहर जाते हैं धूमकेतु
और आकाशगंगा सहमति में सिर हिलाती है

बृहस्पति झुककर शनि से कहता है
तुम्हारी भी ऊर्जा सोख ली है इसने
देखो तुम्हारे वलय पर
अपनी उंगलियों से लिख दिया है कि
तुम्हारी उम्र कितनी बाकी है
और बताया है एक दिन
ब्लेक होल में हम सब गायब हो जाएंगे
इसने यह भी कहा है कि
हजार साल में पृथ्वी से

इंसान भी खत्म हो जाएंगे

अभी ब्रह्मांड कितना शांत है
इंतजार कर रहा है
अपनी अरबों खरबों की उम्र पूरी होने का
और धरती पर इंसान इंतजाम कर रहा है
अपने खत्म होने के लिए
हजार साल से भी कम का

स्टीफन हॉकिंग!
इस ब्रह्मांड की ऊर्जा
तुमसे होकर गुज़रती है

मुझे छोड़ दो! मेरी साँस रुक रही है...

दबी रही हैं काली गर्दनें
और निकलती रही हैं आवाजें लगातार
मुझे छोड़ दो! मेरी साँस रुक रही है...

सदियों से ऐसी ही गर्दनों की साँसों पर
जमे हुए हैं 'सभ्य' लोगों के पैर
यहाँ सिर्फ गर्दन नहीं दबाया जाता
जमीन के साथ संसाधन दबा लिए जाते हैं
जन्म के आधार पर आत्मा दबा दी जाती है
नीच बताकर जिंदगियाँ दबा दी जाती हैं
औरत कहकर आधी आबादी दबा दी जाती है

जॉर्ज नाम लिख लेने से
किंग जॉर्ज नहीं हो सकते थे तुम फ्लॉयड
गोरे रंग पर एकाधिकार है खास नस्ल का
इसीलिए व्हाइट हाउस, बर्मिंघम पैलेस
और जाने कितने राजभवनों का रंग सफेद है
शेक्सपियर मेरे दोस्त! तुमने ठीक कहा था
नाम मे क्या रखा है ?
रखा तो कुलनाम में है
रंग में है
नस्ल में है!

काली गर्दनों पर गोरे पैरों का इतिहास
अंतरिक्ष के अंधेरे जैसा है
जो दिखता नहीं पर अनंत है
जो लिखा नहीं गया
बल्कि भोगा गया पीढ़ी दर पीढ़ी

जॉर्ज फ्लॉयड! तुम्हारी हत्या के समय
गोरा अपने हाथों से तुम्हें छूता नहीं
उसे अपनी जेब में रखता है
ताकतवर के हाथ हमेशा ही उसकी जेबों में रहे हैं
और काले के हाथ हमेशा पीछे रहे हैं
जी हुजूरी में
या बेड़ियों में
बेड़ियाँ जिन्हें कभी लिंकन ने काटा
कभी किंग जूनियर ने
पर उन्हें भी मिली थी गोली

याद है, अफ्रीका के पीटरमारित्जबर्ग में
एक भारतीय काले को
स्टेशन से बाहर फेंक दिया गया था
बदले में उसने गोरों का साम्राज्य छोटा कर दिया
और दुनिया भर में अपनी मूर्तियाँ लगवा लीं
गोली उसे भी मिली थी
पर वह मरता ही नहीं
देख सकते हो उसे मियामी की
जनता से क्षमा माँगती पुलिस में
जॉर्ज फ्लॉयड! तुम्हारे प्राण के बदले
दुनिया के सारे समझदार लोग एक हो गए हैं
डर से बंकर में छुप रहा है
शक्तिशाली और सनकी राष्ट्रप्रमुख
यह दृश्य सारे प्रमुखों की माथे की लकीरें
गहरी कर रहा है

सत्ताओं को ऐसे जागरण से भय लगता है

घुटने को हथियार बनाकर हत्या करनेवाले
पुलिसिया डेरेक चौविन की पत्नी केली
तलाक ले रही उससे
उसे हत्यारे की पत्नी बनना मंजूर नहीं
वह कह सकती थी
ये काले दलित तो मरने के लिए ही हैं
या केस भी रफा दफा करवा सकती थी
क्योंकि ऐसा होता रहता है दुनिया में
पर उसका जमीर जिंदा है
यह जमीरवाली अमेरिकी औरत
उदाहरण न बन जाये
आज चिंता का बड़ा विषय है हत्यारों में

इधर रेड इंडियन जंगलों में विचारमग्न हैं
जलते अलाव से पाँच सौ साल पार देखते
वे बताते हैं
गोरों ने अपराधी गोरों को भेजा यहाँ
अपराधी गोरे अफ्रीका से लाये मजदूर
और उनकी गर्दनों पर घुटने दबाकर
चमकाया अमेरिका को
और हम जंगलों में भीतर होते चले गए!
रेड इंडियंस को पता है
दुनिया भर मे
जंगली हब्शी और राक्षस के नाम से चिह्नित कर
उनके तमाम भाइयों को
खदेड़ा गया है उनके ही जंगलों से
सभ्यता और विकास के नाम पर

सभ्यता! जो पसरी है
मिस्र के पिरामिडों से लेकर

मैनहट्टन की गगनचुम्बी इमारतों तक
दुनिया की इन तमाम मीनारों और दीवारों पर
काली चमड़ी वाले शूद्रों की हड्डियों का सीमेंट
और उनके लहू का गारा लगा है
इन सभी दीवारों से कान लगाकर सुनना कभी
तड़पती हुई
फंसी हुई
कराहती हुई
मरती हुई
सदियों पुरानी
करोड़ों करोड़ आवाजें सुनाई देगी –
मुझे छोड़ दो! मेरी साँस रुक रही है...

अमृता के बच्चे के लिए

ओ दुधमुंहे!
दो मनुष्यों में फर्क क्या होता है
बड़े हो जाओगे तो जानोगे
सबसे सुंदर घटना थी जब
तुम्हारे माता - पिता ने प्रेम किया था
संसार को इसी से चलना भी था

पर मार दिया गया तुम्हारा पिता
क्योंकि वह मनुष्य नहीं निम्नजातीय था
इस महादेश में मनुष्य नहीं होते
वे होते हैं अमीर - गरीब
दलित - आदिवासी - पिछड़े और सवर्ण

तुम भी पहचाने जाओगे दलित ही
भले अमृता पालेगी तुम्हें मनुष्य की तरह
पर समाज नहीं मानेगा तुम्हें मनुष्य
वह बताता रहेगा कि
तुम प्रेम से उपजी सन्तान जरूर हो
पर तुम्हारा पिता निम्नकुल का था
इसलिए तुम्हारा हासिल घृणा है

ओ मासूम बच्चे!
तुम्हें इस घृणा के साथ जीना है

तुम भी प्रेम कर पाओगे कभी
पर डर है कहीं मार न दिए जाओ
यह देश बिना प्रेम के मर रहा है
कोई उसे मरने से बचा नहीं सकता!

गुलज़ार के लिए

ये जो बरसों से मेरे साथ
मुसलसल चला आ रहा है
और जो कुछ कहता भी नहीं
मेरा जुड़वाँ है

हजार राहें मुड़ के देखीं
पर उसने कभी कोई सदा न दी
बस चलता चला आता है मेरे पीछे

आज पचासी बरसों बाद
उसने मुझे पहली बार पुकारा-
'सम्पूरन सिंह... इतनी तन्हाई है,
कोई बात तो कर यार...!'

फगुनाहट

प्रौढ़ वसंत के पाँव छूकर
वह आ रही है
झरे पत्तों पर चलती
महुये की गंध साँसों में भरे
बौराये आम की छाँह में सुस्ताती है

इतराती हवा में चूनर संभालती
पकते गेहूँ का ताप देह में समोए
गिरे सेमल पर पाँव धरते
फगुनाहट की पायल बजाती
चली आती है

द्वार खोलकर देखो
पलाश खिले कपड़ों में
निचले होंठ का किनारा दबाए
मुट्ठी में जीवन के रंग लिए
मुस्काती खड़ी है वह आँगन में

शाम

शहर के गोदाम से
नीड़ लौटती चिड़िया सी
अपने प्रिय से विदा लेती
प्रेमिका की गुनगुनाहट में खोई
ढल रही है शाम

रेलवे के बंद फाटक पर खड़े
कामगार के पसीने में चमकती
रेलगाड़ी के पहियों के बीच
पटरियों पर रह रह कर
ढल रही है शाम

पक चुकी फसल पर उतरती
गेंहूं की गंध खुद में समोती
बूढ़े किसान की आँखों में
सुकून का एहसास लिए
ढल रही है शाम

ट्रांसफर के बाद

जरा सा रह जायेगा यहाँ
और बहुत सा ले जाऊँगा
पास के मन्दिर की घण्टियाँ रह जाएँगी यहीं
उसकी आवाज अपने कानों में ले जाऊँगा
मेरी बिल्डिंग की सीढ़ियाँ यहीं रह जाएँगी
कुछ थकान बचा कर पैरों में ले जाऊँगा

बैंक रोड, बस स्टैंड
और लरंगसाय चौक रह जाएंगे
रह जाएगा कॉलेज, स्टाफ और स्टूडेंट्स
बातें, कक्षा और चाय का स्वाद
मेरे पास रह जाएँगे

सदा भरी रहेगी यह कनहर नदी
मैं भी कुछ भरा रहूंगा
मेरी आँखों में
कुछ पानी इसका मैं ले जाऊँगा
जरा सा रह जायेगा यहाँ
और बहुत सा ले जाऊँगा

मिट्टी की दीवारें

अपनी मिट्टी की दीवारों वाले घर से
कभी स्कूल जाती ये बेटियाँ
आजकल ईंटें बना रही हैं परिवार समेत
लखनऊ... बाराबंकी... सुल्तानपुर में

पिता का कर्ज उतारने
अपनी माटी से दूर
पराई मिट्टी से ईंटें बनाती हैं, पकाती हैं
और खुद पकती हैं

इनके हाथों से बनी
ऊँची-ऊँची दीवारों में
लगनेवाली ये ईंटें
क्या कभी सोचती होंगी

कि सुदूर छत्तीसगढ़ के
किसी गाँव में किसी घर की
मिटटी की दीवारें
कितनी अकेली हैं.... ?

पिता का बचपन

पिता ने अतीत की गठरी से
एक उजली परत निकाली
और दिखाया अपना बचपन
विपन्न और निरक्षर मजदूर पुत्र मैं
कपड़े की रस्सी वाला बस्ता टाँगे
बेंत की चकरी को
टायर की तरह दौड़ाते
स्कूल जाया करता था
फटे पुराने कपड़ों में

गुरुजी हर सोमवार
नाखून, बाल और कपड़े देखते
पिता के पास इस कठिन समय में
एक ही उपाय था
हल्की गुलाबी कमीज
जो उनके बाबा के पास थी
आधी बाँह की थोड़ी ठीक ठाक
यह सुनाते समय
पिता की प्रौढ़ आँखों में
देखता हूँ एक गुलाबी चमक

आगे बताते हैं वे
हर सोमवार को जाते थे स्कूल

बाबा की वही
आधी बाँह वाली गुलाबी कमीज पहनकर
उस कमीज की आस्तीनें
होती थीं कुहनियों के पार
और नीचे घुटनों तक आती थी
ठीक ही तो थी
जो पीछे से ढँक लेती थी फटी पैंट को

आज मैं शिक्षक हूँ
बस्तर के इस छोटे से गाँव में
जहाँ प्रार्थना के लिए
जब बच्चे खड़े होते हैं कतार में
कुछ आधी बाँह की मैली कमीजें
झाँकती हैं कतार से बाहर
वही कुहनियों के पार पहुँचती
आस्तीनों वाली

मैं देखता हूँ इन बच्चों में
अपने पिता का स्कूली बचपन
समय नहीं बदला है
आज भी!

कविता का समय

लिखी जा रही कविताएँ
रोज, हर पल, हर वक्त
भेजी जा रही कविताएँ
इनबॉक्स, व्हाट्स एप और मेल में
पेज में ग्रुप में पोर्टल में ब्लॉग में
छपवा रहा और बेच रहा है कवि
कविता की किताबें

प्रचार कर रहा है कवि
सुकून है दुष्प्रचार नहीं कर रहा
दुष्प्रचार के लिए हैं
एंकर एडिटर पैनल और चैनल
और हैं मानसिक नसबंदी कराए
फारवर्ड करनेवाली लाखों उंगलियाँ

ऐसे समय में
जब भरी हुई है कविता हर जगह
और कवि को फिक्र है
लाइक, कमेंट और शेयर की
तब लाखों दीयों के बुझ जाने के बाद
एक गरीब बच्ची
दीयों से बचा तेल जमा कर रही है
कि घर का बथुआ चुर सके

कविता सोचती है
इतने कवि और कविताओं के बीच
मैं भी बची रह जाऊँ दीये की तह में
जिसे जरूरत और जिम्मेदारी की तरह
कोई मुझे बार सके

कार्तिक की पहली साँझ

लौट रहे रंगरेज अपने घर
हाथों चेहरों और कपड़ों पर रंग लिए
महक भी साथ जा रही
जो उनके बच्चों के चेहरों पर जा चिपकेगी
रंगे कपड़े एक खूँटी में बाहर टंग गए हैं
कल उन्हीं कपड़ों में
दूसरी दीवारों को रंगना है

वे छोड़ गए हैं ब्रश सीढ़ी झूला
और छलक गए रंगों वाले डिब्बे
जो कर रहे हैं बातें थके – थके से
इधर नए लिपे पुते चेहरे वाली दीवारें
मुस्कुरा रही हैं एक दूसरे को देखकर
शोख रंगों वाली की उन्मुक्त हँसी
गूंज रही है खाली कमरे में
अधूरी दीवारें चुप हैं
कल बोलने के इंतजार में

एक रंगरेज है कहीं
दिन के उजाले को कुछ कम करके
पश्चिम के कैनवास पर
कूचियाँ चला रहा है तेजी से
कार्तिक की पहली शाम की तस्वीर बन रही है

उसके मेहनतकश हाथों में रंग लगे हैं
जिन्हें देखकर मुस्कुराता है वह
और पूरब से एक नरम उजास उगने लगती है

रिप्ड जींस

सेन फ्रांसिस्को में डेढ़ सौ साल पहले
सोने की खानों के मेहनती कामगारों की
मोटे कपड़ों की पैंट घुटनों से फट जाया करती थी
जो निशानी थी गरीबी की
दुनिया नहीं जानती
सोने की इस चमक के पीछे
इन्हीं फटे घुटनों का अंधेरा है

इस अंधेर और अंधेरे में चमकते हैं
कुछ लोग पंक्स सबकल्चर की तरह
जिन्होंने अपने घुटने फाड़ लिए
बताया कि हम फटे घुटने वालों के साथ हैं
और बन गए प्रतीक
समता और प्रतिरोध का

बाजार इसे भी भुना लेता है
ब्रांड नेम के साथ कहता है रिप्ड जींस
इन रिप्ड जींसों से बाहर झांकती है त्वचा
और खिलखिलाती है
जिसे कोई कह देता है अपसंस्कृति
रिप्ड दिमागों से छलकती
संस्कृति की सुनहरी चमक वाली यह बेड़ियाँ
उपकरण है पुरुष सत्ता का

संस्कृति की दुहाई देते उसके नाखून
अक्सर इसी तरह उभर आते हैं

अभी जब शॉपिंग मॉल में
दो रिप्ड जींस महँगे प्राइस टैग लगाए
आपस जेलस हो रही हैं
शहर के एक कोने की झोपडी़ में
किसी कामगार की मिटटी लगी मोटे कपड़े की पैंट
दीवार की कील पर लटक रही है।
थकान से बेधुस पड़े मजूर को देखकर
फटे घुटने वाली वह पैंट सोच रही है
काश आज की तरह यह रोज ही
पेट भर खा सके।

उजास

किसी के दर्द में
जब भी कोई आँख रोती होगी
इंसानियत की जड़ों में
मुहब्बत का पानी कुलाँचे मारता होगा

बाँहों में भरता होगा
जब कोई किसी को शिद्दत से
अपनेपन की कसावट
बाँध ही लेती होगी
बिखर जाती इस दुनिया को

जब भी खिलती होगी
खुशी की उजास
किसी मासूम के चेहरे पर
जरूर कहीं एक हरी भरी धरती
जन्म लेती होगी

पनीली आँखों का इंतजार

यह मेरे पुरखों का गुनाह था
या मेरी कौम का
या मेरी नस्ल थी
जो लहू से खींची गई सरहद के
इस पार रहती थी
जिसे उस पार की धरती
अपना मानने से इनकार करती थी

खिड़की से देखा था हमेशा
चाँद सूरज सितारे और पंछी
खुश खुश आँखों में चमकते थे कभी
वे अब भी उठते दिखते हैं
कर्फ़्यू के सन्नाटे और
जलते मकानों के धुएँ के बीच
मरती हुई ज़िंदगी की आवाज की तरह
खिड़की भी रह रहकर सहम जाती है
गोलियों, चीखों और सायरन की आवाजों से

सुना है दूर राजधानी का फरमान था
राजधानी में बहुत ताकत होती है
वह कभी गुनाहगार नहीं होती
कोई सजा भी उसे नहीं मिलती
सजा के लिए

लोग हैं औरतें हैं
और है
बच्चों की पनीली आँखों का इंतजार
कि पिता गए हैं राशन लेने
वे कब आएंगे
या आएंगे भी कि नहीं!

वापसी

काश! मुमकिन हो पाता
मेहनतकश के लिए भी
तीन पग में तीन लोकों को नापना
और स्वामी बन जाना सकल का
पर वह नहीं हो सकता
उनका मालिक जरूर हो सकता है
जिसने लौटा दिया है उन्हें

स्पंज आयरन फैक्ट्री के
बन्द दरवाजे के बाहर खड़े रहकर
किया होगा जब फैसला वापसी का
आँख धुंधली हुई होगी सीमेंट से उड़ी राख सी
पिघले लोहे सा हो गया होगा मन
जो जम गया है देह में
कि अब लौटना ही है

दिल्ली से देवरिया अलीगढ़ आरा जहानाबाद
या राजस्थान के किसी गाँव के लिए
लौट रहे हैं जत्थे
रायपुर बिलासपुर कोरबा रायगढ़ से भी
निकल पड़े हैं
गढ़वा रंका और डाल्टनगंज के लिए
एक - एक जोड़ी बहुत से पाँव

मुँह फेर लिया है कर्मभूमि ने
यहाँ मिट्टी भी अपनी न रही
जो देह को थाम ले मरने के बाद
पर जन्मभूमि तो थाम ही लेगी
इसी भरोसे का लहू पैरों में लिए
चल निकले हैं वे
पाँच सौ–हजार किलोमीटर के लिए

यहाँ और वहाँ की मौत के बीच की
बाकी ज़िंदगी में चल रहे हैं कदम
इन कदमों के कई इम्तहान अभी बाकी है
कहीं मुर्गा बना दिये जाने का
या माँ बहन की गालियों के साथ
दौड़ा दिए जाने का
वे सह लेंगे यह सब बुद्ध की तरह
संसाधनों और श्रम की लूट से चमचमाती
इस सभ्यता में
बुद्धत्व के लिए ज्ञान नहीं
मजबूर कमजोर और लाचार होना जरूरी है

जिस शहर को बनाया सँवारा
उसकी गलियों से जाना मुमकिन नहीं
इसलिए शहरों के बाईपास से होकर
वापस जा रहे हैं कामगार
शहर गुज़रा तो गाँव आये
गाँव आया तो घर आये
घरों के सामने खेलते हँसते बच्चों को देखकर
काँधे पर लदा उधड़े सीवन वाला पिट्ठू बैग
आह भरता है
जिसके भीतर इस बार
बीस रुपये की मिठाई भी नहीं है
न कोई छोटा खिलौना

और न ही किसी नन्हे का कपड़ा

वापसी नियम है
लाखों सालों में पानी वापस आ जाता है
युद्ध से भी लौट आता है जीवित बचा सैनिक
निकल आती है कटे पेड़ से कोंपल
आ ही जाता है जहाज का पंछी
बच्चों की शक्ल में आ जाते हैं पूर्वज
पेड़ का बीज जमीन पर गिरकर
उग ही जाता है फिर से

कमबख्त भूख भी आ ही जाती है बार बार
मरती नहीं यह
कहीं बन्द नहीं होती
काश भूख पर ताला लगाया जा सकता
ताकि न लौटे
कभी कोई इस तरह

कपल चैलेंज

चैलेंज तो लिया था हमने भी
जब मुंह फेर लिया था
रोजगार और बसों ट्रेनों के पहियों ने
गृहस्थी सिर पर उठाए चल पड़े थे पाँव पाँव
एक भरोसे पर कि पहुँच पाएँगे
दूर अपनी माटी तक

साँसे थकती तो थीं बहुत पर तुम्हारा साथ था
रास्ते मे पानी भी मिल ही गया और बिस्कुट भी
अच्छा सुनो, पत्नी कहती थी
घर जा रहे हैं पर कुछ भी नहीं है
जरा मिठाई होती
काश भतीजे के लिए कोई कपड़ा होता
मुनिया की कोई फ्रॉक ही रहती
कहीं एक स्वस्प्न टूट गया था इसके साथ

चल रहे हैं दम्पति चल रहे हैं विचार
मील के पत्थर बड़ी देर से आ रहे हैं
पति सोच रहा
यह भी तकलीफ में है मेरे साथ
पत्नी सोच रही बस घर पहुँच जाएँ ठीक से
इन्हें पैरों में दर्द भी तो उठता है
कहीं रुकें तो मालिश कर दूँ

कसक रहा है मन

इस समय नहीं आता खयाल
किसी सरकार का न किसी मदद का
नहीं आता विचार कि कब पहली बार देखा था
कि बारात कैसे आई थी
और कैसे साखोचार के मंत्र पढ़े गए थे
अभी कोई खयाल बड़ा नहीं होता
बड़ी होती है दो लोगों के बीच एक अनाम डोर
जिसके सहारे
कट जाता है सफर जीवन का

अदृश्य हत्यारों के समय में

हत्यारे कहते हैं
ईश्वर ने कहा था
दलितों के बच्चे हैं
तुम्हारे खेतों में आएं तो
उनकी हत्या कर दो
काश, दलितों का भी ईश्वर होता

सु बोध नहीं है अब
मोटी किताबों में भी नहीं है
जमानत पर है तलवार
तलवार को भी बोध नहीं है
पर म्यान को है
वह लहू के निशान छुपा लेता है

मारने से हत्या नहीं होती
हार्ट अटैक होता है
और हार्ट अटैक से मृत्यु होती है
और किसी की मृत्यु के लिए
कोई जिम्मेदार नहीं हो सकता
हत्यारा होना तो खैर नामुमकिन है

आदमख़ोर

दुनिया मे जब पहली बार
आग लगाई गयी थी किसी की झोपड़ी में
उस रोशनी में आदमख़ोर हँसा था
उस हँसी के साथ अब भी
अपने लहू रंगे पैने हाथों से
वह कोड़ रहा है
धरती और उस पर रहनेवालों की छाती

सदियों पहले से दर्ज है
अफ्रीका के गुलाम नीग्रो से लेकर
जंगलों की रक्षा करनेवाले राक्षसों तक
पहाड़ों से लेकर तेल के कुओं तक
बना रहे स्वामित्व
इसके लिए बलि चाहिए
बलि के लिए
मनुष्यों को पकड़नेवाले लोग
चाकर हैं आदमख़ोर के

आदमख़ोर अपने खून सने पंजे
सभ्यता के दस्तानों में छुपाये रखता है
वह वातावरण रचता है
व्यापार और व्यवहार का
वह दिल भी रखता है दया से भरा हुआ

उसके पास लौकिक से
अलौकिक तक के सुख का मंत्र है
उसकी शाकाहारी मुस्कान
मोह लेती है सब कुछ

पर बखत पर निकल ही आते हैं
आदमख़ोर के पंजे
उसकी मुस्कान से मांस की बू आती है
मसूड़े चढ़ाकर चुहक लेता है लहू
रेगिस्तानों में, पहाड़ों में
जमीनों और जंगलों मे गूँजती है
संत्रास से उपजी चीत्कारें
पर आदमख़ोर को फर्क नहीं पड़ता

क्या तुम्हें पड़ता है?

प्यार, बारिश और यादें : एक

बारिश ही तो हो रही थी
जब तुमसे मिला था आखिरी बार
एक बूँद ठहरी थी तुम्हारे होठों पर
जब तुमने कहा था विदा...!

आज भी बारिश हो रही है
और आँखों में अनजाने ही
वह बूँद उभर आई है...

प्यार, बारिश और यादें : दो

बड़ी मुश्किल से तीन लफ्ज़
लिखे थे तुमने...
कहा था अकेले में पढ़ना
बारिश में उड़ता फिरा था मैं
मुट्ठी में वह पुर्जा दबाए...

जब खोला तो पाया
स्याही में बदल चुके थे लफ्ज़
नीला होता है प्यार का रंग
उसी बारिश में मैंने जाना था

बरिश, प्यार और यादें : तीन

तुम्हारे शहर से गुज़रते
बरसों बाद वहीं रुका था मैं
जहाँ कभी हम खड़े थे भीगते
माथे झुक आई लट सँवारते
तुमने मुस्कुरा कर देखा था
और लट में उलझी बूँद
गालों पर ठहर गयी थी

आज अभी देखो न यहाँ
ठीक उसी जगह
एक गुलमोहर पत्तों पर बूँद लिए
इस बारिश में भीग रहा है

प्यार, बारिश और यादें : चार

बहाना ही था बारिश का
तुम्हारी खिड़की के
सामनेवाले पेड़ के नीचे खड़े
भीगते तुम्हें देखने का कभी

अब मैं वहाँ से नहीं गुज़रता
कुछ बरस हुए...
म्युनिसिपल्टी वालों ने
वह पेड़ काट दिया है...!

ऑनलाईन मन

जाड़ों की इन रातों में
मैं गले तक खींचता हूँ
तुम्हारी हँसी का कम्बल
और व्हाट्स एप्प में
देखता हूँ तुम्हें ऑनलाइन
पर कुछ नहीं कहता
तुम भी चुप ही रहती हो
यह ऑनलाइन
हमारे बीच का पुल है

उधर जंगल में
नदी सिमट रही खुद में
और किनारों पर
छोड़ जा रही मन की नमी
ताकि सुबह
वहाँ तुम्हारा नाम लिख सकूँ
प्रेम की यह नदी
नहीं सूखेगी गर्मियों में भी
वह भी रहेगी हमेशा
ऑनलाइन

तुम्हारा स्टेटस देखता हूँ
इमोजी में मुस्कुराता हूँ

तुम भी वैसी ही मुस्कुराती हो
दो बार...
सोचता हूँ
इस चित्रलिपि ने
क्या सिंधु सभ्यता में भी इसी तरह
इमोशन को जाहिर किया होगा?

तुम्हारा लास्ट सीन दिख रहा है
मैं भी तीन डॉट्स छोड़कर
मोबाइल डाटा ऑफ करता हूँ
तुम्हारे ख्वाब संजोए हुए हूँ
कोई स्क्रीन शॉट लेकर
गैलरी में संजोता हो जैसे

मन रे!
हमेशा ऑनलाइन ही रहना

होम स्क्रीन में खिला फूल

याद है
पिछली सर्दियों दोपहर की धूप में
अपने आँगन आँखें बंद किये
इयरफोन लगाए तुम
मेरे भेजे लिंक पर सुन रही थीं
'तेरे आने की जब खबर महके
तेरी खुशबू से सारा घर महके...'

नर्म धूप पड़ रही थी
प्रेम में ऑनलाइन तुम्हारे चेहरे पर
जिसकी उजास
इस गेंदे ने सहेज ली थी
तुमने कहा था,
अरे! यह तुमसा ही मुझे देख रहा है...
और इसे क्लिक कर दिया था

वही सर्दियाँ लौट आई हैं
खिड़की से वही नर्म धूप आ रही है
बाहर नीले आसमान से
सफेद स्वेटर पहने बादल झाँकते हैं
सुन रहा हूँ तुम्हारा भेजा लिंक
'मुझसे बिछड़ के खुश रहते हो
मेरी तरह तुम भी झूठे हो...'

नम मुस्कान लिए
उसी पीले गेंदे को
मोबाइल के होम स्क्रीन में
रोप रहा हूँ
जो मेरी फोटो गैलरी में
सालभर से खिला हुआ है...

चाँद आधा

आधी हैं ख्वाहिशें
और आधी है रात
चाँद भी है आधा
ठहरा हुआ
तुम्हारे लास्ट सीन
की तरह

छितिज के आधे चाँद ने
स्टेटस बदला है अभी
'चाँद, रात और तुम'
उभरती हैं इसी तरह
तुम्हारी टाइम लाइन पर
गुलज़ार की नज़्म

आधे चाँद को भेजता हूँ
मैसेज में एक स्माइली
तो दरख्त की ओट हो जाता है
फिर आता है कुछ देर में
रिप्लाई करता है
मुस्कुराता है मद्धिम मद्धिम

ख्वाब अपडेट हो रहे हैं
और मन के स्क्रीन पर

नाच रहे हैं तीन डॉट्स
शायद
कमेंट कर रहा है प्यार

जाड़ों की खुशबू
गरमा रही है मन
और रात जम्हाई ले रही
कल फिर उसे आना है
थोड़े एनलार्ज
आधे चाँद के साथ

चलो अब सो जाओ
आधे चाँद!
ऑफलाइन होकर भी
इत्ती देर
कोई जागता है क्या?

ईयरफोन : एक

''हेलो!
हाँ जरा ईयरफोन लगा लूँ''
और सरसराने लगती है आवाजें
इस समय ईयरफोन के तार सुलझाने में
लगता है
ज़िंदगी का खास वक्त कम हो गया

चुस्कियों में बातें कर रही है चाय
उसके गालों को
छू रहे हैं ईयरफोन के तार
चाय हँसकर कहती है
देखो न ये कप तुम्हारे जैसा है
जिससे पी रही हूँ
घूँट घूँट मीठी सी ज़िंदगी

ईयरफोन पर बात करते
रेलिंग पर झुक आई है शाम
गुनगुना रही है
तू मिले... दिल खिले...
फिर किसी बात पर हँसती है
और सिंदूरी हो जाती है

दो सफेद तारों से आती आवाज
मन से देह तक पसर रही है
बुन रही है धुन जीवन की

ईयरफोन : दो

तैयार होते बताती हो
मार्केट जा रही हूँ
स्कूटी के स्टार्टर की आवाज सुनाई देती है
अभी मोबाइल साइलेंट है
पर ईयरफोन के दोनों सिरे
जीन्स की पॉकेट से बाहर झांक रहे हैं
इग्नीशन में की रिंग लटक रही है
तुम्हारे नाम के पहले अक्षर वाली

अभी ट्रैफिक होगा
उसका शोरगुल होगा
और होंगे
पीली पगड़ी पहने अमलतास
आइसक्रीम लेती बच्ची
धूप में ठेला धकेलता मजूर
जिसे एक काली बीएमडब्लू पीछे से
बार बार हॉर्न दे रही है

ग्लोब स्क्वायर एलईडी स्क्रीन में
विज्ञापन चल रहा है
जिसमें ईयरफोन लगाए लड़की
खुली आँखों से हँस रही है
जरा देखो तो ऊपर आसमान में

एक चिड़िया उड़ रही है
उसके अपने आसमान में
अपने पंखों की ताकत से

ऑफलाइन चाँद

डीपी में मुस्कुराता चाँद
नहीं दिखता ऑनलाइन
सो गया है शायद
कुछ घण्टे पहले की नोंक पर
अपने लास्ट सीन को टांग कर

बेचैन आँखे
बेतरह गुज़रती हैं स्क्रीन की राह से
भेजे गए स्माइली पर
डबल ब्लू टिक होने की उम्मीद में
पर सिंगल टिक उदास कर देता है
और स्क्रीन के गीले उजाले में
उंगलियाँ खोजती हैं टीस भरे शब्द

चाँद के ऑफलाइन होने पर भी
जागती हैं आँखें
अमावस में सितारों की तरह
अकेले और चुप
उसके आँसुओं की झिलमिलाहट
अँधेरे को सँवार रही है

रजनीगंधा

परसों तुम क्यों नहीं आये ?
गार्डन की जमीन कुरेदते तुमने कहा
बहुत इंतजार किया
बालकनी पर
मैंने और ढलती शाम ने
यह कहते
माथे झूल आई थी लट

इस प्रिंटेड साड़ी में न
तुम बहुत अच्छी लगती हो
रजनीगंधा सी
मैंने कहा
और पीछे खिले पीले फूल
हँस पड़े थे तुम्हारे साथ

(अभिनेत्री विद्या सिन्हा को उनकी फिल्म रजनीगंधा में याद करते हुए)

पटरियों से आती तुम्हारी याद

ट्रेन रुकी है स्टेशन में
टी स्टॉल के सामने वाली बेंच अभी खाली है
जो हम दोनों से भरी थी उस दिन
दो काले नीले ट्राली बैग के साथ
जुड़वाँ हो जैसे

संभावित विछोह की सघन चुप्पी के बीच
चिप्स का एक स्लाइस
देर तक कुतरती रही थी तुम
तभी अनाउंसमेंट हुआ
और पटरियों पर आकर ले गयी थी तुम्हें ट्रेन

ओझल होता भी देख न पाया था
दर्द की गीली लकड़ियों का धुआँ
जलता रहा था आँखों में
रुमाल भी तो तुम्हारे बैग में चला गया था
चिप्स का पैकेट धड़क रहा था हाथों में
चाय फरवरी सी ठंडी हो गयी थी

यह मार्च है और सुबह के चार बज रहे हैं
ट्रेन खड़ी है प्लेटफार्म पर
उतर कर उसी बेंच पर आता हूँ
न चाय है और न ही चिप्स का पैकेट

बस तुम्हारी गर्म याद है
और दिल धड़क रहा है
खामोश सा स्टेशन है
तुम बोल रही हो दसों दिशाओं से
अपना खयाल रखना

कैसे हो? बेंच पूछता है मुझसे
मैंने कहा, ठीक हूं
पटरियों से होकर यादें गुज़र रही हैं यार
बैठने दो न जरा
उसने बताया
वो भी आई थी उस दिन
चाय और चिप्स लेकर
जिसे वो यहीं रख गयी
देखो उसका स्क्रीन शॉट

मैंने देखा
दृश्य जम गया था स्टेशन का
जिसमें पटरियों पर तुम
आती हुई ट्रेन देखती रही थीं अपलक
जो चलती ही जा रही थी
न वो रुकती थी
और न तुम!

सफेद गेंदे की उजास

इन दिनों जब नर्म धूप है
जाड़ों के हरकारे
खिले हैं फूलों में रंग बिरंगे
और लिखते फिर रहे
नीले आसमाँ पर सफेद बादलों से
तुम्हारा नाम

चुप खड़े सब्ज़ दरख्तों के सामने
ठहरी हुई हवा
धान की बालियों में झुककर
बुन रही है अपने होठों से
मेरे लिए तुम्हारी प्रार्थनायें

ओ श्वेतवसना!
ऐसे नवल धवल कोमल क्षण में
अपने आँगन के फूलों को
नेह में रची पगी आँखों से
निहारा होगा तुमने
जिसकी उजास
इस सफेद गेंदे में बिखर रही है

रोज की तरह

रोज की तरह
रात शुरु हुई
उजाड़ दरख्तों की शाखों से
झाँकता रहा चाँद

हवा सरसराती रही
रिसते मन सी
और तेरे नाम के आगोश में
कसमसाते रहे मेरे होंठ

इन सबके साथ में
इन सबके पास में
तेरी यादों की मजार पर
गिरे सूखे पत्तों को
हम सारी रात हटाते रहे

सेवंती सी तुम्हारी हँसी

कल की ठंडी शाम
जब तुम्हारे शहर में
फूलों की दूकान पर
अपनी माँ के साथ खड़ी
एक प्यारी बच्ची ने
अचानक ही मुझे
मुस्कुराकर देखा
और तुम्हारी हँसी चमक उठी
सेवंती सी मेरे खयालों में

जैकेट की जेबों में
मेरे हाथ गर्म से हो गए हैं
शायद तुमने मुझे मोबाईल पर
मेरी तस्वीर देखकर याद किया है

जानती हो
तुमसे न मिलकर भी तुम्हारा शहर
अपनी मुहब्बत की तपिश से
मुझे गर्मा देता है इन जाड़ों में

हाँ, एक कम्बल प्रेम का
ओढ़ाना फर्ज भी तो है शहर का

आँखों में उगा हरापन

इन दिनों जब जंगल महकने लगे हैं
पत्ता, पत्ते से पूछता है
साथ गिरें?
और गिरा हुआ पत्ता
बवंडर के साथ हो लिया है

ऐसे ही कोई डार से बिछड़ा
किसी आवारा हवा के साथ
इन दिनों उड़ रहा है
मस्त गगन में
इस पतझर में वह कहता है
इस जंगल को पार करते
जो आखिरी पेड़ है न
वहाँ गाती हुई मिलेगी कोयल
मैंने देखा था
हरापन उग आया था
उसकी आँखों में

सच कहती हो
देखो न
इस कविता के पूरी होते - होते
इन दरख्तों की शाखों पर
तुम्हारी चाहतों की
कोंपलें निकल आई हैं

कैलेंडर बदलते हैं, प्रेम वहीं रहता है

यही दिन थे न
जब शामें सुरमई होने लगी थीं
और उफ़क पर उड़ते थे
सफेद बादल
तुम्हारी उजली मुस्कान लिए।
एक सुनहरे तारे की चमक
कैद हो गयी थी
तुम्हारी आँखों मे सदा के लिए
और स्कूटी की सीट पर जमी ओस को
पोंछने से पहले
लिखा था तुमने मेरे नाम का पहला अक्षर
जिसे तुम्हारे गमले में खिले फूल ने मुस्कुरा कर देखा था

मैंने पाई थी ज़िंदगी की नेमत
तुम्हारे प्यार की शक्ल में
'तू इस तरह से मेरी ज़िंदगी में शामिल है...'
की गुनगुनाहट फिजाओं में तैरती रही थी तब

अब ज़िंदगी बढ़ तो गयी है
पर सफेद बादल वही हैं
देखो वो तारा कित्ता खुश है
और ओस जमी जाती है
अब भी तुम्हारी स्कूटी की सीट पर

यह हर बरस आएंगे
हर बार हम जवाँ होंगे
मुस्कुराता रहेगा गमले का फूल
कैलेंडर बदलते रहते हैं
प्रेम वहीं रहता है।
वहीं रहेगा सदा
हम सदा के लिए हैं..

डिग्रियों की फाइल और चाँद

मैं भटकता रहा
शहर दर शहर
डिग्रियों की फाइल लिए
साथ थी
मेरे चाँद की मुहब्बत
और ज़िंदगी बसाने की उम्मीदें

मेरा चाँद
तनहाइयों में पत्थरों पर
मेरा नाम उकेरता रहा
पुरनम आँखों से
करता रहा मेरा इंतजार

कमबख्त ये
रोजगार की कोशिशें
मेरी तलाश पूरी होती नहीं
उसकी आस
खत्म होती नहीं...

गर्मियाँ, प्यार और यादें : एक

रुमाल भी तो रखते नहीं हो!
मई का दिन था कुछ बरस पहले
मेरे माथे पर अपना सफेद दुपट्टा
हौले से फिरा दिया था तुमने

अब नौकरी में हूँ
पर तुम नहीं हो
रखने लगा हूँ सफेद रुमाल
अब भी मई के दिन हैं
चेहरे के साथ
आँखें भी पोंछ लेता हूँ

गर्मियाँ, प्यार और यादें : दो

बड़ी तेज धूप थी
जब उस अजाने पेड़ की छाँह में
खड़े रहे थे हम
मेरी बस का इंतजार करते

गुज़र रहा हूँ तुम्हारे शहर से
धूप आज भी तेज है
मन मे उगा हुआ है वही पेड़
उस दिन की नर्म छाँह
बचाकर रख ली है मैंने

गर्मियाँ, प्यार और यादें : तीन

उस गर्मी
फुटपाथ की दुकान से
एक सनग्लास खुद लगाकर
तुमने कहा था,
ये रखो तुम पर जँचेगा

कितनी गर्मियाँ गुज़र चुकी
और तुम नहीं हो
नदियों में पानी की तरह
जबकि सनग्लास के पीछे
बहुत नमी है...

प्रोफाइल पिक्चर में ठहरा पलाश

वसंत गया ही है हाथ हिलाते
पर ठहरा हुआ है पलाश
जंगल और मन से लेकर
तुम्हारी प्रोफाइल पिक्चर में

पता है,
मोबाइल पर इसे देख
तुम्हारी आँखें
ललाई लिए चमक उठी थीं
और दूर कहीं जन्म लिया था
एक और पृथ्वी ने

ज़िंदगी की इस सड़क से होकर
आना है तुम्हें
जहाँ इंतजार करते एक मोड़ के साथ
नेह का एक पुल भी है
और हैं
पंचतत्वों में रचे-पगे
भावभरे दुआओं से
बिछे हुए पलाश

जब तुम आओ तो
जरा ठहरना

उन्हें शुक्रिया कहना
जंगल के मन को अच्छा लगेगा
कोंपलें मुस्काएँगी
और
धरती फिर से हरी हो जाएगी

सिलयारी का फूल

मद्धिम सा सूरज
कोहरे का ट्रेक सूट पहने
धरती की ओट में टहलती चाँदनी से
मॉर्निंग वॉक पर
ईयरफोन लगाए बातें कर रहा है

धान की बालियाँ झुक रही हैं खेतों में
गुज़रता सूरज कह रहा है
रात में आना और
अपनी उजास का नेह दे जाना
ताकि प्रेम में रचा पगा रहे अन्न
और भरा रहे कोठार किसान का

बेतरतीब जागे फूलों पर
चाँदनी की हँसी बिखर गयी है जवाब में
लिपट रही है शिद्दत से तितली
झुक गया है सिलयारी का फूल भी
माह ए नवम्बर में इश्क
सफेद से गुलाबी हो रहा है

बाल्टी से छलकते पानी की हँसी

आज कस्बे में अरसे बाद जाना हुआ
जहाँ सत्रह बरस पहले तुम रहती थी
हो आया इरिगेशन कॉलोनी
जो अब अपने
जर्जर मकानों में जी रहा था
किसी अपने के हाथ की
मुट्ठी भर मिट्टी के इंतजार में

बूढ़े बरगद ने मुझे ध्यान से देखा
गहरी साँस ली
फिर भर आये गले को खंखारकर
पंछियों को सुनाने लगा कहानी
बरसों पहले की
एक लड़की थी और एक लड़का था...

पुराने कुएँ में झाँका तो
बाल्टी से निकलते पानी की हँसी
छलक उठी बीते हुए पलों से
दीवारों पर जमी थी सीलन
कोई दिल मे दर्द जमाये अब तक बैठा हो जैसे

सामने वाले मकान में लगी नेमप्लेट में
जोड़े में नाम लिखा है सुंदर अक्षरों में

सोचता हूँ
तुम्हारा नाम भी लिखा होगा
किसी और के नाम के साथ यूँ ही

मुड़ता हूँ मन्दिर की ओर
दोनो हाथ जुड़ गए हैं दुआओं में
घण्टियों की आवाज शिराओं से गुज़र रही है
आँखे बंद हैं समंदर को थामे
क्या अभी भी आई 7 के दरवाजे पर खड़ी
मुझे देख रही हो तुम?

गाँधी जी के पास रखा स्वेटर

तुम्हारे शहर उतरता हूँ
गाँधी चौक पर
कँपकपाता हुआ
सोचता हूँ
तुम्हारे घर जाने को
कई रास्ते हैं
पर मैं आ न सकूँगा

इधर बायीं ओर
सुबह की ठंडी हवा
टकराती गुज़र रही है
गाँधी जी की प्रतिमा से

सुन रही हो न तुम
मैंने गाँधीजी के पास
मेरे नेह की महकती धूप
रख दी है तुम्हारे लिए
अपने प्रेम के स्वेटर में लपेटकर
आकर ले जाना

प्रेम में पुर्नजन्म

प्रेम उससे इतना ही दूर था
जितना पहाड़ों के किसी गाँव से
रात में आसमान को निहारती
एक लड़की की आँखों
और तारों की चमक के बीच था

उसके अज्ञात प्रेम की प्रतीक्षा
वक्त की बलिवेदी पर
रक्त सी बह गई खामोशी से
कि जीवन
दुनिया के हिसाब से ही चलता है

अब बरसों बाद
एक तारा चमका है
और मुस्कुराई है लड़की
उसकी प्यासी ज़िंदगी में
एक आवारा
प्यार का बादल
टूटकर बरस गया है

वह लड़की
प्रेम में जन्म ले रही है
फिर कभी न मरने के लिए

लॉकडाउन मे प्रेम

लॉकडाउन में जब घरों में लोग कैद हैं
फिक्र भरा मैसेज आता है तुम्हारा
बाहर न निकलना
निकल भी गए तो छूना मत किसी चीज को
हाथ धोना बार बार
सेनेटाइजर न हो तो साबुन से हाथ धोना
और हाँ! मास्क जरूर लगाना
सहमति में हाँ कहता हूँ
और छा जाती है चुप्पी
इस चुप्पी में वुहान से लेकर इटली स्पेन अमेरिका
और भीलवाड़ा तक की खामोशी दर्ज है

फिर आती हैं तस्वीरें
अपने सैकड़ों मील दूर घर को जाते लोगों की
लाखों लोगों की ऐसी वापसी
इतिहास ने पहली बार देखा था
मजबूर कदमों और भूखे पेट ने नापी थी
बेबस गाँव तक की राह इस उम्मीद में
कि देह को दो मुट्ठी अपनी मिट्टी तो मिल सकेगी

फोन पर यह सब बात करते नम हो जाती है
तुम्हारी आवाज
पूछता हूँ कभी अब मिलना होगा ?

कहती हो
जहाँ हो, जैसे हो ठीक से रहो
तुमसे मिलने से ज्यादा
तुम्हारा होना जरूरी है

पीले फूलों के बीच प्रार्थना

कल पतझर के जंगलों से
गुज़रती सड़क वाली तस्वीर पर
तुमने ख्वाब बुने थे
काश इस पर हम साथ होते

हाँ! मैं तुम्हें दिखाता
सेंदुर नदी के मोड़ पर
उडते वे नीलकंठ
जिनके पंखों में
प्रेम में पगी तुम्हारी आँखों का
नीलापन दिखता है

मैं दिखाता तुम्हें
वीराने में वह टूटी झोपड़ी
जिसने बारिश से बचाने
मुझे दो बार आसरा दिया था
आज बेसहारा छोड़
उसका मालिक
जाने कहाँ चला गया है

तुम साथ होती तो
बाइक रोककर मिलवाता
कनहर नदी के तीर बसे

शिवपुर प्राथमिक शाला के
उन बच्चों से जो
मुझे आते जाते हाथ हिलाते हैं
मुस्कान के साथ

तुम होती तो
सडक किनारे सरसों के खेतों पर
ले जाता तुम्हें
हम वहाँ प्रार्थना करते
धरती रहे सदा हरियर
प्रेम इन पीले फूलों सा
सदा शोभित होता रहे
पल्लवित होता रहे

सर्दियाँ, प्यार और यादें : एक

अपनी खिड़की के काँच में
जमी धुंध पर
कभी लिखा था तुमने
उंगलियों से मेरा नाम

वह धुंध लौट आई है अभी
मेरी खिड़की पर
तुम्हारे नाम के साथ

सर्दियाँ, प्यार और यादें : दो

उन सर्द शामों को
दोनों उंगलियाँ होठों से लगाकर
सिगरेट की तरह भाप छोड़ती
कित्ता हँसती थी तुम

इन सर्दियों
तुम्हारी वह भाप
मेरी आँखों में पिघल रही है

सर्दियाँ, प्यार और यादें : तीन

पिछली सर्दियों 'नुक्कड़ कैफे' में
मेरे हाथ पर अपना हाथ रखकर
तुमने आँखों से कहा था
बिल मुझे देने दो
कितने गर्म हाथ थे तुम्हारे

अभी जैकेट की जेब में
उसी बिल के पुर्जे को
मुट्ठी में संभाले हूँ
तुमने अपने गर्म हाथ
फिर से रख दिये हैं
मेरे हाथ पर

सर्दियाँ, प्यार और यादें : चार

इतनी ठंड है
स्कार्फ बांध लो न
तुम्हारी एक्टिवा को चलाते
मैंने कहा था
लेफ्ट व्यू मिरर में
तुमने मुस्कुरा कर कहा
फिर तुम्हें मिरर में
कैसे दिखूंगी

अभी अपनी बाइक पर हूँ
व्यू मिरर में
लंबी सूनी सड़क दिख रही है।

❑❑❑

श्रेष्ठ भारतीय साहित्य

भारतीय ज्ञानपीठ